Boukari Laouali Chaibou

10 ans au pouvoir : Issoufou Mahamadou

Essai

Plan

Introduction :

La période pendant laquelle Issoufou Mahamadou a été président du Niger a été marquée par de nombreux défis, notamment la lutte contre l'insécurité, la promotion de la croissance économique et la consolidation de la démocratie dans le pays. Né en 1952 à Dandadji, Issoufou Mahamadou a occupé le poste de président du 7 avril 2011 au 2 avril 2021. Pendant cette période, il a lancé plusieurs initiatives pour améliorer la vie des Nigériens, tout en faisant face à des défis majeurs tels que l'instabilité dans la région du Sahel et la pauvreté qui touche une grande partie de la population.

Dans ce livre, nous allons explorer la gouvernance d'Issoufou Mahamadou, en découvrant ses politiques, ses réalisations et ses défis. Nous allons présenter les mesures qu'il a prises pour promouvoir le développement économique, lutter contre la corruption, renforcer la sécurité, améliorer les conditions de vie des Nigériens et renforcer les institutions démocratiques du pays.

En explorant la gouvernance d'Issoufou Mahamadou, nous espérons non seulement mieux comprendre sa présidence, mais également en tirer des leçons pour l'avenir du Niger. C'est notre souhait que ce livre serve de source d'information précieuse pour ceux qui s'intéressent à l'histoire politique du Niger et pour ceux qui sont intéressés par la gouvernance en Afrique de l'Ouest.

A- Présentation de l'ancien Président ISSOUFOU MAHAMADOU

Issoufou Mahamadou, né en 1952 à Dandadji, est un homme d'État nigérien qui a occupé le poste de président du Niger de 2011 à 2021 et était également président du Parti nigérien pour la démocratie et le socialisme. Il a occupé plusieurs postes importants avant d'occuper la présidence, notamment Premier ministre, président de l'Assemblée nationale et député à l'Assemblée nationale, ainsi que quatre fois candidat aux élections présidentielles. Il est membre de l'ethnie haoussa et a obtenu une licence de mathématiques de l'université de Niamey, ainsi qu'une maîtrise en mathématiques et applications fondamentales, un diplôme d'études approfondies de probabilités et statistique et un diplôme d'ingénieur civil des mines de différentes universités en France. Avant de se lancer en politique, il a travaillé comme directeur national des mines et a également été membre actif de plusieurs associations, y compris l'association des élèves du lycée National de Niamey, l'union scolaire des nigériens et la fédération des étudiants africains en France.

B - Objectifs du livre

Les objectifs de ce livre sont multiples. Tout d'abord, il vise à documenter la gouvernance d'Issoufou

Mahamadou, ancien président du Niger, et à en faire une analyse critique. À travers une étude approfondie de ses politiques, réalisations et défis, j'espère offrir un aperçu détaillé de son mandat à la tête du Niger. Nous cherchons à comprendre les politiques et les mesures prises par Issoufou Mahamadou pour faire face aux défis auxquels le pays était confronté, en examinant leur impact sur le Niger et sur la région du Sahel.

En outre, ce livre vise également à mettre en lumière les leçons à tirer de la gouvernance d'Issoufou Mahamadou pour l'avenir du Niger et de la région.

Nous voulons mettre en avant les succès du mandat de l'ancien président, ainsi que les leçons qui peuvent être tirées de ses politiques et de ses réalisations. Nous espérons que ce livre pourra offrir des idées et des perspectives pour les futurs dirigeants du Niger et pour les pays voisins de la région du Sahel, confrontés aux mêmes défis de développement, de sécurité et de gouvernance.

Ce livre n'a, en aucun cas, l'objectif de critiquer de façon néfaste, la gouvernance de ce grand homme.

II. Contexte historique et politique du Niger

Depuis son indépendance en 1960, le Niger, pays situé en Afrique de l'Ouest, a connu une histoire politique et économique complexe qui a été influencée par de nombreux facteurs tels que son histoire, sa géographie, sa culture et son économie. Tous ces éléments ont contribué à façonner l'histoire politique du pays.

A. Histoire politique du Niger avant la présidence d'Issoufou Mahamadou

Le Niger a obtenu son indépendance le 3 août 1960 et a élu Hamani Diori comme président par l'Assemblée nationale. Bien que soutenu par le camp progressiste ouest-africain, l'opposition dirigée par Djibo Bakary est devenue de plus en plus forte, conduisant Bakary à l'exil. Diori a été l'un des premiers leaders à proposer un sommet francophone ou une organisation internationale des pays parlant français, qui a été réalisé avec la création de l'Agence de coopération culturelle et technique en 1970. En 1965, le président nigérien a survécu à une tentative d'assassinat et a été réélu la même année avec le soutien du Parti progressiste nigérien qu'il avait fondé. L'exploitation de l'uranium nigérien a commencé en 1968, donnant une importance économique majeure au pays. Depuis 1971, l'uranium est exporté vers la France dans le cadre d'un accord de coopération économique signé en 1961, lors de l'indépendance du Niger.

Ce paragraphe décrit la période du régime militaire au Niger, marquée par un coup d'État en 1974 qui a renversé le président Diori pour corruption et incapacité. Le pays est alors dirigé par un Conseil militaire suprême dirigé par le lieutenant-colonel Seyni Kountché, qui se concentre sur le redressement économique suite à une période de sécheresse et continue de coopérer avec la France dans l'exploitation de l'uranium. En 1984, une famine grave affecte le nord du pays et de nombreux Touaregs nigériens se réfugient en Algérie et en Libye.

En novembre 1987, Seyni Kountché décède d'une tumeur au cerveau et est remplacé par Ali Saïbou, son chef d'état-major, qui libère Hamani Diori.

Après les événements décrits précédemment, une nouvelle constitution a été votée, ramenant les civils au pouvoir dans le cadre d'un parti unique appelé le Mouvement national pour la société de développement (MNSD). Ali Saïbou a été élu président en 1989. Cependant, des manifestations estudiantines ont été réprimées avec violence en février 1990, et des affrontements entre les réfugiés touaregs rapatriés de Libye et l'armée ont eu lieu en mai de la même année, entraînant de nombreux morts. En juin 1991, des groupes armés touaregs ont lancé une offensive contre les forces gouvernementales dans le nord du pays. Finalement, le 29 juillet 1991, une conférence nationale a été organisée pour mettre en place un gouvernement de transition dirigé par Amadou Cheiffou, en préparation du passage à un État démocratique au Niger.

Après ces événements majeurs, la troisième république est mise en place. En 1992, une nouvelle constitution est adoptée lors d'un référendum. Les élections législatives de février 1993 sont remportées par l'alliance des forces du changement (AFC), mais le tournant décisif se produit lors de l'élection présidentielle de mars 1993, lorsque Mahamane Ousmane, dirigeant de la Convention démocratique et sociale (CDS), un parti membre de l'AFC, est élu président. Cependant, en février 1995, le Premier ministre, qui appartenait à l'AFC et avait été nommé par le président, est renversé. Le président dissout l'Assemblée, mais les nouvelles élections confirment la victoire de l'opposition. Le Mouvement national pour une société de développement (MNSD), un ancien parti unique, remporte les élections et forme un gouvernement avec plusieurs partis d'opposition sous la direction du nouveau Premier ministre, Hama Amadou.

Ce passage relate l'accession au pouvoir de la quatrième république au Niger, conséquence d'un coup d'état orchestré par le Chef d'état-major particulier du président,

Ibrahim Baré Maïnassara, le 27 janvier 1996, pour renverser Mahaman Ousmane.

Suite au coup d'état, une nouvelle constitution de type présidentiel est adoptée par un référendum largement favorisé par le président autoproclamé, qui organise et remporte les élections présidentielles en tant que candidat indépendant.

En parallèle, la région d'Aïr est ensanglantée par une guérilla touarègue qui réclame une meilleure répartition des richesses depuis la fin des années 1980, malgré des accords de paix régulièrement remis en cause.

En 1997-1998, une crise économique causée par la chute des cours de l'uranium débouche sur une crise politique, des grèves de fonctionnaires et d'étudiants, ainsi que des mutineries dans l'armée, qui mèneront à la chute du président Baré en avril 1999, assassiné par ses propres gardes.

Le commandant Daouda Malam Wanké, chef de la garde présidentielle, est nommé chef de l'État par un Conseil de réconciliation nationale composé uniquement de militaires. Il dirigera le pays pendant une période de transition de neuf mois au cours de laquelle l'armée interdira les partis politiques et confirmera la tenue d'un référendum constitutionnel en juin et d'une élection présidentielle au suffrage universel à la fin de l'année.

Mamadou Tandja, ancien militaire et leader du MNSD-Nassara, est devenu président du Niger en novembre 1999, marquant le début de la cinquième république. Il a remporté les élections présidentielles avec 60% des voix contre Mahamadou Issoufou, chef du PNDS-Tarraya Parti nigérien pour la démocratie et le socialisme. Tandja a mis en œuvre une politique axée sur l'autosuffisance alimentaire, connue sous le nom de « programme spécial du président de la République », mais cette politique a été fortement contestée par l'opposition menée par Issoufou. En 2002, le franc CFA a été lié à l'euro plutôt qu'au franc français, ce qui a conduit à une modification de la Banque de France en tant que banque centrale de référence pour le franc CFA et son remplacement par la Banque centrale européenne.

Le 18 août 2009, la sixième république est inaugurée. Le président Tandja souhaite se présenter pour un troisième mandat, mais la constitution de la Ve République lui interdit de le faire. Pour contourner cette limitation, il dissout l'Assemblée Nationale et la Cour constitutionnelle afin d'organiser un référendum sur une nouvelle constitution. Bien que l'opposition boycotte le référendum, le "oui" l'emporte, inaugurant ainsi la VIe République. Cependant, Tandja est critiqué par la communauté internationale et son propre peuple. Finalement, il est renversé par un coup d'État militaire le 18 février 2010 mené par le Colonel Salou Djibo.

B. Les défis majeurs auxquels le Niger était confronté avant la présidence d'Issoufou Mahamadou

Avant la présidence d'Issoufou Mahamadou, le Niger était confronté à de nombreux défis majeurs qui entravaient son développement économique, social et politique.

   - Pauvreté et sous-développement : Le Niger était l'un des pays les plus pauvres du monde avec un taux de pauvreté extrême de plus de 40%. Le pays souffrait également de sous-développement, avec des infrastructures de base limitées et un accès limité aux services sociaux tels que la santé et l'éducation.

- Insécurité alimentaire : En raison de la sécheresse, de la désertification et de l'insuffisance des infrastructures agricoles, le Niger faisait face à une insécurité alimentaire chronique. Les habitants du Niger dépendaient en grande partie de l'agriculture de subsistance pour leur nourriture, ce qui les rendait vulnérables aux fluctuations des conditions climatiques.

- Corruption et gouvernance inefficace : Avant la présidence d'Issoufou Mahamadou, le Niger faisait face à des problèmes de corruption et de gouvernance inefficace. Les niveaux élevés de corruption entravaient la mise en œuvre de politiques économiques et sociales efficaces, et cela affectait la qualité de vie des citoyens.

- Instabilité politique : Le Niger était confronté à des problèmes d'instabilité politique. Avant l'arrivée d'Issoufou Mahamadou, le pays avait subi des coups d'État et des troubles civils qui avaient perturbé la vie économique et sociale du pays.

- Insécurité et terrorisme : Le Niger était également confronté à des problèmes de sécurité liés au terrorisme. Le pays était en proie à des attaques terroristes de groupes armés islamistes, tels que Boko Haram, qui avaient créé un climat d'insécurité dans le pays.

Ces défis ont été de taille pour le Niger avant la présidence d'Issoufou Mahamadou. Cependant, sous sa direction, le Niger a entrepris de nombreuses réformes et initiatives pour relever ces défis et améliorer la qualité de vie de ses citoyens.

C. Les élections de 2011 et la montée d'Issoufou Mahamadou au pouvoir

Le 31 octobre 2010, une nouvelle constitution est adoptée, proclamant ainsi le début de la VIIe République. L'armée promet de rendre le pouvoir aux civils l'année suivante. Une élection présidentielle a lieu en janvier 2011, avec 10 candidats en lice. Mahamadou Issoufou, soutenu par le PNDS, arrive en tête du premier tour avec 36,06 % des suffrages exprimés. Au second tour, qui a eu lieu le 12 mars 2011, il affronte Seyni Oumarou du MNSD et, avec le soutien du MODEN-FA de Hama Amadou (qui deviendra plus tard président de l'Assemblée nationale), il remporte l'élection avec 57,95 % des voix. Il est investi le 7 avril 2011 et nomme Brigi Rafini Premier ministre.

Toujours le 7 avril 2011, à l'occasion de son investiture,
il prononce l'un des meilleurs discours de l'histoire du
Niger :

"Par la grâce de Dieu, le 12 mars dernier, le Peuple
nigérien a rendu, en moins de cinq (5) mois, son 6ème
arbitrage électoral dans le calme, avec un sens de
responsabilité et une maturité politique dignes des
grandes démocraties. A quelques exceptions près, il
s'agit-là d'une tradition bien établie dans notre pays
depuis maintenant vingt (20) ans. Certains peuvent
trouver insolite qu'un peuple, constitué en majorité
d'analphabètes, puisse accéder à un tel niveau de maturité
politique. Le penser, c'est oublier que l'humanité a un
socle de valeurs communes: en effet tous les peuples,
quel que soit leur niveau de développement économique,
social et culturel, aspirent à la liberté, à l'égalité et à la
justice. Le penser, c'est aussi oublier que notre peuple,
héritier de grands empires qui s'étaient partagé l'espace
nigérien pendant des siècles, a une histoire politique,
notamment institutionnelle, caractérisée par le

développement d'une culture de compromis favorable à la promotion des valeurs démocratiques, une culture de compromis qui incite à la sagesse, favorise la tolérance et condamne l'extrémisme et la violence. Le penser, c'est enfin oublier que les forces démocratiques ont accompli, depuis vingt (20) ans, un travail politique d'une grande ampleur au sein du peuple. Je me félicite que le Niger soit devenu un authentique modèle démocratique et je ferai tout pour que ce modèle soit davantage connu dans le monde. Excellences, Mesdames et Messieurs ; Le Peuple nigérien a donc arbitré. Permettez-moi de lui exprimer toute ma reconnaissance pour m'avoir désigné en vue de le servir pendant les cinq (5) prochaines années. Je sais que les attentes sont fortes. Je sais qu'un nouvel espoir est né, celui de la renaissance du Niger. Ma responsabilité est de répondre à ces attentes. Mon devoir est de porter ce nouvel espoir. Le Peuple nigérien attend de moi une nouvelle gouvernance politique et économique. Il attend de moi que je me comporte en serviteur et non en maître. Il attend de moi la défense de l'intérêt général. Celui-ci sera ma boussole pour m'orienter dans la forêt des intérêts particuliers, il sera mon fil conducteur dans un monde où l'égoïsme est roi, dans un monde où chacun ne cherche qu'à tirer son épingle du jeu. Pour ne pas m'écarter de la route que le Peuple nigérien m'a tracée, je tiendrai dans ma main, avec fermeté, cette boussole et ce fil conducteur.Du reste, je viens d'en faire la promesse par serment coranique. Pour rester fidèle à ce serment, pour réaliser les promesses de notre Constitution, pour réaliser les promesses de mon programme, je veillerai à la consolidation de l'Etat démocratique et républicain dont l'existence conditionne tout le reste. L'Etat doit être suffisamment fort pour garantir aux citoyens, à tous les citoyens sans exception, une vie meilleure dans la liberté, l'égalité, la justice et la solidarité. En effet, sans institutions fortes travaillant dans le respect de la règle d'équilibre des pouvoirs, il ne peut y avoir ni liberté ni égalité, ni justice, ni solidarité. Sans institutions fortes, l'Etat de droit, c'est-à-dire une situation où, à l'abri de l'arbitraire, la loi régit les rapports des citoyens entre eux d'une part et les rapports des citoyens avec l'Etat d'autre part, l'Etat de droit, dis-je, ne sera qu'un vain mot. Pour promouvoir toutes ces valeurs, pour que chaque citoyen jouisse de tous ses droits (droits politiques, droits économiques et sociaux) tout en accomplissant ses devoirs, je veillerai à ce que le pouvoir soit exercé de manière démocratique ; je veillerai notamment à ce que l'accès au service public, aux emplois publics et aux marchés publics soit égal pour tous. Mon ambition est de réconcilier les Nigériens, tous les Nigériens. Dans cette perspective, en plus des pouvoirs classiques (pouvoir exécutif, pouvoir législatif, pouvoir judiciaire), les partis politiques, les organisations de la société civile et la presse, participeront à la consolidation de l'équilibre des pouvoirs. Dans la même perspective, il sera mis fin à la politisation de l'administration. En effet, qui, mieux que nous qui en avons souffert pendant une quinzaine d'années, peut y mettre fin ? Le mérite, la compétence, le sens du service public, l'ardeur et la ponctualité au travail, la conscience professionnelle, la discipline, la hiérarchie et l'autorité y seront rétablis. Des dispositions seront prises pour créer un environnement et des conditions favorables à l'accroissement de la productivité des agents de l'Etat. La corruption, les passe-droits, les trafics d'influence, les détournements des deniers publics, notamment les fausses factures et les surfacturations ainsi que toutes les autres dérives seront combattus. Si nous restons fidèles à nos valeurs, alors, nous réussirons à répondre aux attentes de notre peuple. Excellences, Mesdames et Messieurs ; Les menaces, auxquelles notre pays et les autres pays du Sahel sont exposés, sont bien connues. Les événements, qui secouent actuellement notre sous-région, aggravent ces menaces du fait des mouvements massifs des populations qu'ils provoquent et des risques qu'ils créent de dissémination d'armes de tout calibre. Pour toutes ces raisons, le Niger s'engagera, avec détermination, dans la recherche de la restauration de la paix en République de Côte d'Ivoire et en Libye. La situation qui nous vit aujourd'hui illustre bien, pour un pays donné, la disparition de la frontière entre défense extérieure et sécurité intérieure. Les menaces sont devenues mondiales et naturellement ces menaces nécessitent des réponses mondiales ou, à tout le moins, régionales et sous-régionales. Par conséquent, pour assurer notre sécurité commune, je plaide pour une coopération plus forte entre les pays de la CEDEAO et les pays de la zone sahélo-saharienne. Pour assurer la sécurité du Niger et contribuer à la sécurité commune, j'envisage une solution globale, à la fois sécuritaire, administrative, économique et sociale. Il s'agira de concevoir et de mettre en œuvre un meilleur encadrement administratif et un vaste programme de développement économique et social des zones pastorales. Il s'agira aussi de rétablir le monopole de la violence de l'Etat, seul censé détenir des armes de guerre sur l'ensemble du territoire national. Il s'agira, enfin, de doter nos Forces de Défense et de Sécurité (FDS) de ressources humaines bien formées et bien entraînées ainsi que d'équipements en quantité et en qualité suffisantes. Je veillerai personnellement, en tant que chef des armées, à la consolidation de l'unité et de la cohésion ainsi qu'au renforcement du moral de ceux qui ont la lourde mission d'assurer la sécurité des Nigériens et de leurs biens, de protéger nos frontières, et au-delà, de contribuer à la sécurité internationale. Excellences, Mesdames et Messieurs ; Le Peuple nigérien a un immense défi à relever, un défi qui a un rapport avec sa dignité et son honneur: le défi de l'éradication de la faim. Il est choquant que, de manière récurrente, nous soyons réduits à mendier notre pain quotidien auprès des autres peuples.

Comme en témoignent les dernières élections, notre
peuple a conquis sa liberté politique: il lui reste,
maintenant, à réaliser l'alliance de la liberté et du pain.
Pour réaliser cette alliance, le gouvernement, que le
Premier ministre, que je nommerai aujourd'hui même,
mettra en place, s'attaquera à la réalisation de l'initiative
trois (3) "N", c'est-à-dire les "Nigériens Nourrissent les
Nigériens". Cela est possible, car en plus des eaux de
surface, comme celles du fleuve Niger, nous disposons
d'immenses gisements d'eau souterraine. Cela est possible
car nous avons des terres irrigables. En mobilisant toutes
ces ressources ainsi que les eaux pluviales, les
sécheresses récurrentes ne seront plus synonymes de
famines car nous parviendrons, Incha Allah, à mieux
organiser le combat contre les effets des changements
climatiques, à accroître les rendements des cultures
pluviales, à promouvoir l'agriculture irriguée et à
moderniser l'élevage. Cela nécessitera, entre autres
mesures, le rétablissement des subventions de l'Etat aux
producteurs afin de leur faciliter l'accès aux intrants et de
leur permettre de se nourrir de leur propre travail plutôt
que de laisser se développer en eux cette mentalité

d'assistés qui est la conséquence inévitable de l'aide humanitaire : autrement dit, aux subventions en aval de la production, nous allons substituer les subventions en amont de la production. Ces mesures seront mises en œuvre dès la prochaine campagne agricole. Excellences, Mesdames et Messieurs ; La renaissance du Niger nécessite une économie compétitive. En plus du développement agricole, notre ambition est de nous attaquer à la réduction des coûts de deux facteurs de production importants pour un pays enclavé : le transport et l'énergie. Pour y parvenir nous envisageons, dans le cas du premier facteur, non seulement de poursuivre la consolidation des routes existantes et la réalisation de nouvelles routes bitumées et en terre, mais aussi de promouvoir le rail. Pour le second facteur, nous exploiterons toutes les sources d'énergie disponibles dans notre pays : l'eau, le charbon, le soleil, le vent, le fuel et le nucléaire. Dans l'immédiat, nous mettrons l'accent sur la réalisation du barrage hydro-électrique de Kandadji et sur l'exploitation et la transformation du charbon de Salkadama. Il est vrai que le nucléaire connaît des difficultés avec les récents accidents dans certaines centrales nucléaires japonaises, mais je reste convaincu que les leçons qui en seront tirées rendront cette énergie propre, plus sûre. Je militerai donc au sein de la Communauté Economique des Etats de l'Afrique de l'Ouest (CEDEAO) pour une forte intégration énergétique sur la base du recours à cette énergie. Excellences, Mesdames et Messieurs, La réalisation des infrastructures que je viens de citer donnera un coup de fouet à l'exploitation de nos ressources du sous-sol : en effet, des gisements dont l'exploitation n'est pas rentable dans les conditions actuelles pourront être mis en valeur. A l'uranium, à l'or, au charbon, au ciment déjà en exploitation, et au pétrole en instance d'exploitation, pourront venir s'ajouter le fer, les phosphates, le marbre etc. Le Niger regorge, en effet, d'énormes ressources du sous-sol que nous comptons mettre en valeur dans l'intérêt de notre peuple, dans l'intérêt des générations actuelles comme des générations futures. Nous sommes ouverts à tous les investisseurs étrangers, sans aucune distinction, à condition qu'ils respectent nos intérêts et acceptent d'établir avec nous des rapports gagnant-gagnant. La bonne gouvernance, notamment la transparence, dans l'exploitation de ces ressources, sera de rigueur. Si d'autres pays ont pu financer leur développement industriel à partir des excédents dégagés par leur agriculture, le Niger, à l'inverse, pourra financer son développement économique et social à partir des excédents dégagés par l'industrie minière et pétrolière. Source de malédiction ailleurs, compte tenu des guerres qu'elle suscite, je veillerai à ce que les revenus qu'on en tire, parce que bien redistribués, contribuent à l'épanouissement des Nigériens notamment à travers l'accès à l'école, à la santé et à l'eau. Excellences, Mesdames, Messieurs, L'école recevra le quart (1/4) des ressources budgétaires pendant les cinq (5) prochaines années. Elle sera gratuite et obligatoire jusqu'à l'âge de seize (16) ans. L'enseignement professionnel et technique sera privilégié. Base sociale fondamentale du développement, ascenseur social par excellence, l'école, comme on le sait, contribue largement à l'égalité des chances. S'agissant de l'égalité de chance, mon itinéraire personnel en constitue une parfaite illustration. En ce jour solennel, je ne peux pas ne pas évoquer cette journée mémorable du mois d'octobre 1958, cette journée où j'ai été inscrit à l'école primaire d'Illéla, cette journée qui a été le point de départ de l'aventure qui m'a amené aujourd'hui au sommet de l'Etat. Evoquer cette journée, c'est rendre hommage à l'école qui, bien conçue, peut donner les mêmes chances d'ascension sociale à tous, qu'on soit riche ou pauvre, qu'on naisse à Soudouré ou Dandadji, à Fandou ou Namaro, à Dingazi ou Maîné Soroa, à Zinder, Douméga ou Yélou. L'école m'a donné les outils et les armes qui ont contribué à faire de moi l'un des porteurs des valeurs qui triomphent aujourd'hui. Je souhaite que mon accession à la magistrature suprême encourage les pères et les mères à donner à leurs filles et fils, en les envoyant à l'école, les mêmes chances que celles que mes parents m'ont offertes. Le gouvernement, dès sa mise en place, prendra les dispositions utiles pour engager la construction de 2500 classes et la mise en formation de 2500 enseignants, conformément à la cadence annuelle prévue par mon programme électoral. En ce jour solennel, je pense aussi à ces femmes qui meurent en donnant la vie, à celles qui sont usées par les corvées d'eau, de bois et autres travaux ménagers ; je pense également à ces enfants qui n'ont aucune chance de fêter leur cinquième (5ème) anniversaire, je pense enfin à ces jeunes, jeunes diplômés pour lesquels l'école a débouché sur le chômage, jeunes ruraux et urbains sans formation, oisifs et donc proies faciles de tous les vices. Je connais leur attente et je m'efforcerai d'y répondre avec l'aide de Dieu. Dans l'immédiat, j'ai décidé de procéder au recrutement de médecins, d'infirmiers et de sage-femmes. En effet, il y a, aujourd'hui, plus de médecins au chômage que de médecins en activité, alors que la moitié des Nigériens n'a pas accès aux soins de santé. Il sera procédé également à des recrutements dans le secteur agro-pastoral et dans celui des régies financières. Pour améliorer l'accès à l'eau, les infrastructures existantes seront réhabilitées et deux mille (2000) puits et forages seront réalisés chaque année. Par ailleurs, pour lutter contre la pauvreté féminine, il sera créé un fonds pour les activités génératrices de revenus pour les femmes. Des programmes de logements sociaux seront lancés ainsi que la restructuration de la ville de Niamey pour qu'elle soit la digne capitale à laquelle les Nigériens ont toujours rêvé. Excellences, Mesdames et Messieurs Je viens de prêter serment sur le Saint Coran. Pour honorer ce serment, j'aurai besoin de l'aide de tous ceux qui auront à partager la charge du pouvoir avec moi. Au-delà d'eux, j'aurai besoin de l'aide de tous les Nigériens. Le changement de comportement est la principale aide que j'attends de tous : changement de comportement dans la gestion du temps qui est la ressource la plus gaspillée dans notre pays, changement de comportement par rapport au travail, changement de comportement dans le rapport avec les biens publics, etc. Nous devons lutter contre les forces de l'habitude et faire l'effort de nous changer nous-mêmes. Dans le Saint Coran, sur lequel je viens de prêter serment, Dieu a dit: ''Je ne change pas un peuple tant qu'il ne se change pas lui-même''. Nous devons donc changer nos comportements si nous voulons changer nos conditions de vie. Par ailleurs, il est important que nous méditions tous, le hadith suivant : « chaque chef de tribu sera présenté, le jour du jugement dernier, dans les chaînes : ou la justice l'en libérera ou l'injustice l'y fera périr ». C'est le principe de l'imputabilité : une responsabilité, une sanction, sous forme de récompense ou de punition. Pour paraphraser un grand homme d'Etat, le Président Kennedy, je souhaite que chaque Nigérien se ''demande ce qu'il peut faire pour le pays et non ce que le pays peut faire pour lui". Cela suppose que nous combattions la mentalité d'assistés qui s'est beaucoup développée en nous. Il ne s'agit pas de remettre en cause les réseaux séculaires de solidarité tissés au sein de notre société ; il s'agit, au contraire, de les rationaliser pour les rendre plus efficaces en attendant que se renforce, progressivement, la solidarité nationale organisée par l'Etat. Celle-ci ne sera possible que si l'Etat s'en donne les moyens en rétablissant notamment, de manière effective, son monopole fiscal actuellement fortement érodé par des fraudes en tout genre. Ma détermination à mobiliser les ressources internes et à améliorer l'efficacité de la dépense publique sera sans faille. Excellences, Mesdames et Messieurs Je sais qu'il est illusoire de penser que le développement soit possible à l'échelle d'un seul pays. L'Afrique est le continent qui a, aujourd'hui, le plus besoin d'intégration. N'Krumah avait raison de dire, il y a plus de cinquante ans, que l'Afrique doit s'unir ou périr. En regardant la carte de l'Afrique, on a le triste sentiment d'avoir face à soi un miroir brisé. Nous avons le devoir de réparer ce miroir. Notre génération a la responsabilité historique d'abattre ces murs que constituent nos frontières pour que circulent librement les personnes, les biens et les services. C'est dire que je serai un militant actif d'une intégration globale, politique, économique, sociale et culturelle, non seulement au niveau de la Communauté Economique des Etats de l'Afrique de l'Ouest (CEDEAO), mais aussi à l'échelle du continent. Excellences, Mesdames et Messieurs, Le Général de Corps d'Armée Salou Djibo me passe le témoin aujourd'hui. Je voudrais lui dire combien j'apprécie son courage, son patriotisme et sa fermeté. Il a fait des promesses qu'il a tenues : c'est donc un homme de parole. Notre peuple, par ma voix, lui transmet ses plus vifs remerciements. Je suis sûr que la Nation restera toujours reconnaissante à ce soldat qui se retire dans l'honneur, dans la dignité avec la fierté d'avoir accompli une grande mission au service de la patrie. Je salue et je remercie les autres autorités de la Transition, notamment les responsables de la Commission Electorale Nationale Indépendante (CENI) pour l'honnêteté et la transparence avec lesquelles six (6) scrutins ont été organisés en moins de cinq (5) mois. Mes remerciements vont également à la communauté internationale pour ses appuis multiformes avant et pendant la transition. C'est enfin le lieu de rendre un vibrant hommage à mon adversaire du second tour, le président Seïni Oumarou, pour le fair-play, le sens de responsabilité et la maturité politique dont il a fait preuve en reconnaissant les résultats des élections. Son comportement prouve qu'il n'y a, en réalité, qu'un seul vainqueur : le Peuple nigérien. Pour consolider cette victoire du Peuple nigérien, pour servir notre peuple qui en a tant besoin, je l'invite avec tous ses camarades à se joindre à nous pour qu'ensemble on puisse organiser l'action gouvernementale. Ne dispersons pas nos énergies ; conjuguons nos efforts pour construire la Nation. Excellences, Mesdames et Messieurs, La présence de nombreux Chefs d'Etat, de gouvernement, de chefs de délégation, de personnalités et d'amis, rehausse l'éclat de la présente cérémonie. Je les en remercie. Le temps ne me permet pas, malheureusement, de les citer tous. Permettez-moi, néanmoins de nommer les Chefs d'Etat présents: je salue et remercie le Président de la République du Sénégal, Son Excellence Abdoulaye Wade que nous appelons affectueusement le Doyen; je salue et remercie le Président de la République du Mali, Son Excellence Monsieur Amadou Toumani Touré; je salue et remercie le Président de la République du Congo, Son Excellence Denis Sassou NGuesso; je salue et remercie le Président de la République du Togo, Son Excellence Faure Gnassingbé; je salue et remercie le Président de la République du Bénin, Son Excellence Yayi Boni ; je salue et remercie la Présidente de la République du Libéria, Son Excellence Madame Hélène Searlef Johnson; je salue et remercie le Président de la République du Gabon, Son Excellence Monsieur Ali Bongo; je salue et remercie le Président de la République de Guinée, Son Excellence Alpha Condé. Je remercie enfin tous ceux qui, de près ou de loin, ont contribué à l'organisation et à la réussite de la présente cérémonie d'investiture. Que Dieu garde le Niger ! Je vous remercie."

En juin 2015, plus de 20 000 personnes se rassemblent à Niamey en réponse à l'appel de groupes de la société civile qui demandent plus de financement pour l'armée afin de combattre Boko Haram. Les manifestants expriment également leur inquiétude quant à une possible tendance autoritaire du régime de Mahamadou Issoufou. En août 2015, des manifestations de grande envergure sont également organisées à Niamey pour protester contre la politique de Mahamadou Issoufou, à l'appel d'une coalition de 15 partis d'opposition. Après son mandat, une élection présidentielle est organisée pour élire le prochain président. Mahamadou Issoufou est réélu pour un deuxième mandat en mars 2016 avec 92,51 % des voix, l'opposition ayant boycotté l'élection. Il est investi en tant que président le 2 avril 2016.

III. Politiques économiques et développement

Issoufou Mahamadou, président du Niger de 2011 à 2021, a mis en place plusieurs politiques économiques et de développement pour améliorer la situation économique et sociale du pays. Ces politiques visent améliorer les conditions de vie des citoyens et contribuer à l'avancement du Niger.

A. Mesures pour améliorer l'économie du Niger

En 2018, l'économie du Niger a connu une croissance de 5,2 %, avec une amélioration du climat des affaires, malgré une dette inquiétante qui représente environ 45 % du PIB, malgré les efforts du gouvernement pour la réduire. Le président Mahamadou Issoufou a contribué à la croissance économique en faisant du Niger l'une des principales puissances économiques de la région. Il a souligné que la croissance économique du pays était supérieure à la moyenne de 3 % pour la CEDEAO et de 3,7 % pour l'économie mondiale, grâce à une production agricole accrue grâce à l'initiative 3N, ainsi qu'à des investissements dans des projets d'infrastructure tels que la construction de routes, la centrale solaire de Malbaza et la modernisation de la ville de Zinder.

En plus des projets de construction déjà terminés, tels que les hôpitaux de Maradi et de l'Amitié nigéro-turque, et la télévision numérique terrestre, de nombreux projets ont été réalisés, notamment la construction du pont Djibo Bakary à Farié, du troisième pont de Niamey, de la modernisation de l'aéroport Diori Hamani, de la voie express de l'aéroport de Niamey au centre-ville, de l'hôtel présidentiel et du Centre de conférence international Mahatma Gandhi. Ces projets sont le fruit des investissements importants engagés par le Président de la République pour mettre en place le Programme Niamey Nyala et pour accueillir le 33ème Sommet de l'Union africaine. Le Centre International de Conférence Mahatma Gandhi, inauguré en janvier 2020, a été construit dans cette perspective. Il est d'une capacité de 2500 places et a coûté environ 50 millions de dollars. Ce centre offre au Niger un cadre de rencontres aux standards internationaux. Les travaux de construction ont commencé en octobre 2018 sur une superficie de 5,36 hectares.

En 2018, plusieurs projets ont été lancés au Niger, notamment la construction d'une usine de traitement d'eau à Goudel à Niamey et le programme Millenium Challenge, qui vise principalement à développer l'irrigation et l'agriculture. En outre, le pays a connu une amélioration de son climat des affaires, selon le rapport Doing Business 2019 de la Banque mondiale, qui a classé le Niger au 143e rang sur 190 économies dans le monde. Le pays se classe notamment au 27e rang mondial pour la création d'entreprises, à la 158e place pour l'obtention de permis de construire et au 162e rang pour le raccordement à l'électricité. Les critères "transfert de propriété", "obtention de prêts" et "protection des investisseurs minoritaires" ont également été évalués, avec des classements respectifs de 111e, 144e et 149e. En termes de finances publiques, le Niger a réduit son déficit budgétaire, qui pourrait être inférieur à 3% en 2020, et maintenu son taux d'inflation à 2,9%, en deçà de la norme de l'UEMOA.

D'une part, le Niger est un pays producteur et exportateur de pétrole depuis novembre 2012 et possède une industrie pétrolière complète qui produit un brut de haute qualité. Le pays était censé augmenter sa production de 20 000 barils par jour à environ 110 000 barils par jour en 2021 et bénéficiera de revenus importants grâce à un avenant avantageux au contrat de partage de production de son bloc pétrolier d'Agadem exploité par le consortium China National Petroleum Corporation.

D'autre part, la dette du Niger est un problème important pour les institutions telles que la Banque mondiale et le Fonds monétaire international (FMI). En 2018, la dette du pays était de 45,1 % et représentait 44 % du PIB. Les échéances de la dette ont tendance à se raccourcir et les taux d'intérêt sont plus élevés que la dette multilatérale extérieure. Une délégation du FMI a salué les efforts du gouvernement nigérien pour réduire les arriérés, mais a également demandé de la prudence dans la gestion de la dette à mesure que les investissements augmentent. En 2018, le gouvernement nigérien a décidé d'apurer les arriérés intérieurs estimés à 109 milliards de FCFA (plus de 18,8 millions de dollars) au profit des opérateurs économiques.

Le Président de la République du Niger, SEM Issoufou Mahamadou, a mis l'accent sur les infrastructures dans son Programme de Renaissance. Depuis son arrivée au pouvoir, il a investi massivement dans les routes, les chemins de fer, l'électricité, les aéroports, les ponts, les hôpitaux et d'autres infrastructures socio-économiques pour moderniser et diversifier le pays. Au cours des dix années de sa gouvernance, Issoufou Mahamadou a fait preuve d'une détermination inébranlable dans la construction d'un pays doté d'infrastructures modernes de haute qualité. Son bilan en la matière est impressionnant et témoigne de son leadership exceptionnel.

L'Hôpital général de Référence de Niamey est le plus grand centre hospitalier jamais construit au Niger. Il a une capacité d'accueil de 500 lits et est équipé de nombreux services de soins médicaux spécialisés, tels que la cardiologie, la neurologie, l'hémato-gastroentérologie, la chirurgie générale et de spécialités chirurgicales, l'ophtalmologie, l'ORL, l'urologie andrologie, et bien d'autres. La construction de cet hôpital a nécessité un investissement de 45 milliards de francs CFA et a été réalisée grâce à la coopération sino-nigérienne. L'Hôpital général de Référence de Niamey dispose également d'un bloc opératoire avec 14 salles d'opération, des salles d'imagerie médicale, des pavillons des urgences, des salles de prélèvement, une centrale d'oxygène, une buanderie moderne et de nombreuses salles d'hospitalisation. La réception de l'hôpital a eu lieu en moins de trois ans après la pose de la première pierre, le 1er octobre 2013. Le ministre de la Santé Publique de l'époque, M. Kalla Moutari, a souligné que cet hôpital était un outil efficace pour améliorer la qualité des soins médicaux prodigués aux patients et pour atteindre les objectifs du programme de renaissance.

Le ministre de la Santé publique a réitéré l'importance du droit à la santé, qui est inscrit dans la constitution, et qui se concrétise par le biais de nombreuses actions entreprises par le programme de renaissance. Ces actions incluent le recrutement massif de personnel, la gratuité des soins, l'augmentation de la politique de vaccination, la construction de centres de soins intégrés (CSI) et d'hôpitaux de référence dans les régions. Un deuxième hôpital de référence a également été construit à Katsina, et le Centre national de lutte contre le cancer a été inauguré pour réduire les coûts d'évacuation sanitaire. Ce centre dispose d'un personnel spécialisé formé par l'AIEA et bénéficie d'une subvention pour son fonctionnement.

Le Président du pays a pris conscience de l'importance des infrastructures dans le développement économique et social du pays et a donc rapidement mobilisé les ressources nécessaires pour lancer et achever plusieurs projets d'infrastructure, malgré un contexte sécuritaire difficile et un environnement international peu favorable. Ces projets visent à améliorer l'accessibilité du pays, à réduire les coûts de transport, à renforcer la compétitivité de l'économie nationale et à améliorer les conditions de vie des habitants du pays. Au cours des 10 dernières années, des routes bitumées ont été construites ou réhabilitées sur plus de 1200 km, et des routes rurales ont été construites ou réhabilitées sur plus de 2400 km. Dans la capitale, des travaux ont également été réalisés pour améliorer les routes principales, notamment la construction d'une double voie sur les boulevards Tanimoune et Askia Mohamed et une voie express de l'aéroport au centre-ville.

Des améliorations significatives ont été apportées à l'offre d'énergie électrique grâce à l'installation de nouvelles centrales électriques, y compris la centrale thermique diesel de Gorou Banda de 80 MW, la centrale thermique à pétrole brut de Goudel de 89 MW et la centrale solaire photovoltaïque de Malbaza de 8 MW, ainsi que l'installation de groupes électrogènes de différentes capacités dans plusieurs localités, y compris Niamey, Agadez, Diffa et Malbaza. En conséquence, la capacité installée a plus que doublé entre 2010 et 2020 pour atteindre 410 MW, ce qui a permis d'augmenter le taux d'accès à l'électricité pour les ménages de 8,63 % en 2010 à 14,7 % en 2020.

Bien que des progrès considérables aient été réalisés dans la modernisation des infrastructures dans les villes et villages grâce aux investissements réalisés, il reste encore beaucoup à faire, étant donné la taille du pays et le manque d'infrastructures dans de nombreuses régions. Les efforts déployés pour moderniser les villes à travers les célébrations annuelles du 18 décembre ont permis de fournir aux capitales régionales des infrastructures modernes et de qualité telles que des aéroports, des marchés, des routes urbaines, des systèmes d'assainissement, de l'éclairage public, des stades, des arènes de jeux et des places publiques. Cependant, les améliorations futures continueront à nécessiter des investissements importants.

Depuis 2014, un programme ambitieux a été mis en place dans plusieurs régions du Niger, notamment à Dosso Sogha, Maradi Kolliya, Agadez Sokni, Tahoua Sakola,

Zinder Saboua, Tillabéri Tchandallo et Diffa N'Glaa. Le développement de Niamey est particulièrement remarquable, avec la création de nouvelles infrastructures modernes et de grande envergure en seulement quelques années, telles qu'un nouvel aéroport répondant aux normes de sécurité et de sûreté internationales, de nouvelles routes de desserte, des centres de conférence, des hôtels haut de gamme et des bâtiments de grande taille destinés à des logements, des bureaux ou des commerces.

ISSOUFOU MAHAMADOU a mené un programme de modernisation de la capitale du Niger, Niamey, en construisant des échangeurs et des ponts pour améliorer la circulation et la mobilité des personnes. Les trois échangeurs de la ville, construits dans le cadre de l'initiative "Niamey Nyala", ont amélioré le cadre de vie, la qualité des espaces publics et la sécurité routière, et ont permis de mieux protéger les usagers les plus vulnérables. Le premier échangeur, situé au Carrefour du Boulevard Mali-Béro et de l'Avenue du Zarmaganda, a été financé par le budget d'investissement de l'Etat du Niger pour un coût total de 12 milliards 093 millions 276 mille 250 FCFA. Le deuxième échangeur, situé sur la Place des Martyrs, a été financé par le budget d'investissement de l'Etat du Niger pour un coût total de 29 milliards 313 millions 612 mille 084 FCFA, et a été réalisé par l'entreprise China Géo Engineering Corporation International (CGCI). Le troisième échangeur est un projet d'une grande envergure qui comprend trois ouvrages : l'échangeur "Echangeur Diori Hamani" à trois niveaux, un pont-cadre et un pont à poutres métalliques. Le coût total du projet s'élève à 41 milliards 614 millions 280 mille 769 FCFA. Outre ces échangeurs, deux ponts ont été construits pour améliorer la mobilité des populations et mettre fin à leurs souffrances.

MAHAMADOU ISSOUFOU, l'ancien président exceptionnel, a également encouragé la construction de marchés pour stimuler l'économie du Niger. Dans les grandes villes, des projets de marché tels que le marché Dolé de Zinder, le marché de Maradi, et celui de la ville de Tahoua ont été réalisés pour renforcer l'infrastructure économique du pays. Ces marchés modernes sont équipés de toutes les commodités nécessaires pour que les commerçants et les clients puissent effectuer leurs transactions dans un environnement confortable, hygiénique et sécurisé. La mise en service de ces marchés stimule l'économie en augmentant les recettes fiscales des régions et en favorisant le développement des activités économiques avec les pays voisins, notamment le Nigeria et l'Algérie.

B- les politiques de développement pour lutter contre la pauvreté et les inégalités dans le pays

Issoufou Mahamadou, président du Niger de 2011 à 2021, a mis en place plusieurs politiques de développement pour lutter contre la pauvreté et les inégalités dans le pays.

ISSOUFOU MAHAMADOU, soucieux de l'avenir du pays et prêt à tout pour hisser le drapeau du Niger, a procédé à la mise en place d'un programme. Le Programme de Renaissance Acte II : Comme mentionné précédemment, cette stratégie à long terme visait à promouvoir la croissance économique, à créer des emplois et à réduire la pauvreté dans le pays. Le programme comprenait des initiatives pour améliorer la production agricole, l'accès à l'énergie, les infrastructures, l'éducation et la santé.

Les transferts sociaux : Le Niger a mis en place un système de transferts sociaux pour les ménages les plus pauvres du pays. Ces transferts ont permis de fournir une aide financière directe aux familles les plus vulnérables pour améliorer leur accès aux besoins de base tels que la nourriture, l'eau, l'éducation et la santé.

L'éducation : Le Niger a investi dans l'éducation pour réduire les inégalités d'accès à l'éducation. Le pays a travaillé pour améliorer la qualité de l'éducation, augmenter le nombre d'écoles, réduire le taux d'abandon scolaire et encourager la scolarisation des filles.

La santé : Le Niger a également investi dans la santé pour améliorer l'accès aux soins de santé et réduire les inégalités en matière de santé. Le gouvernement a travaillé pour améliorer l'accès aux médicaments, renforcer les systèmes de santé et offrir des soins de santé primaires dans les zones rurales.

Les droits des femmes : Issoufou Mahamadou a également travaillé pour améliorer les droits des femmes au Niger. Le pays a adopté des lois pour lutter contre les violences faites aux femmes, encourager la participation des femmes à la vie politique et économique, et améliorer l'accès des femmes à l'éducation et à la santé.

Ces politiques de développement ont permis de réduire la pauvreté et les inégalités au Niger sous la présidence d'Issoufou Mahamadou. Le pays a connu une amélioration de la situation en matière de santé et d'éducation, une réduction de la pauvreté et une amélioration de la participation des femmes à la vie politique et économique. Ces politiques ont également contribué à renforcer les institutions de l'État et à améliorer la gouvernance au Niger.

IV. Gestion de la sécurité

ISSOUFOU MAHAMADOU, soucieux de l'insécurité du Niger, après plusieurs attaques terroristes, a mis en œuvre quelques politiques pour gérer de façon efficace la sécurité au Niger.

A. Lutte contre l'insécurité dans la région du Sahel

Issoufou Mahamadou a été confronté à une situation difficile en matière de sécurité au Niger et dans la région du Sahel en général. En effet, cette région est confrontée à une insécurité grandissante due à la présence de groupes terroristes, de milices armées et de groupes criminels.

Cela a entraîné des attaques terroristes, des enlèvements et des conflits armés dans de nombreux pays de la région, dont le Niger.

Ainsi, dès son arrivée au pouvoir, Issoufou Mahamadou a pris des mesures pour lutter contre l'insécurité dans la région du Sahel. Il a notamment travaillé avec les autres dirigeants de la région pour renforcer la coopération régionale et la coordination en matière de sécurité. Le Niger a également travaillé en étroite collaboration avec la France, les États-Unis et d'autres partenaires internationaux pour lutter contre le terrorisme et l'insécurité dans la région.

ISSOUFOU MAHAMADOU a participé à la mise en place du G5 Sahel, un cadre de coordination régionale en matière de développement et de sécurité, créé en 2014 par cinq États du Sahel : la Mauritanie, le Mali, le Burkina Faso, le Niger et le Tchad. Ce cadre lie étroitement développement économique et sécurité et implique des États directement menacés par les organisations

djihadistes de la région. Le secrétariat permanent du G5
Sahel est situé en Mauritanie et le poste de secrétaire
permanent est confié au Niger. Les chefs d'état-major des
armées se réunissent régulièrement pour le volet militaire.
Cependant, le Mali a quitté l'organisation en mai 2022.

Le G5 Sahel a été créé pour améliorer la coordination des
activités de sécurité et de défense entre les États
membres. Il a également demandé au Conseil de sécurité
des Nations unies de mettre en place une force
internationale pour neutraliser les groupes armés, aider à
la réconciliation nationale et établir des institutions
démocratiques stables en Libye, en collaboration avec
l'Union africaine. Toutefois, l'Algérie s'est opposée à
cette proposition. En décembre 2014, une première
opération militaire conjointe appelée Mangouste a été
réalisée par les forces de l'opération Barkhane, du Niger
et du Tchad dans une zone située à la frontière entre la
Libye, le Niger et le Tchad, avec un poste de
commandement tripartite au fort de Madama, qui a été
visité par les chefs d'état-major du Niger, du Tchad et de

la France. Le G5 Sahel est considéré comme l'équivalent politique et économique sahélien de l'opération militaire française Barkhane.

Le 20 novembre 2015, les chefs d'État du G5 Sahel annoncent la création d'une force militaire conjointe pour lutter contre le terrorisme. Ce projet, nommé la Force conjointe du G5 Sahel (FCG5S), n'a pas été mis en œuvre pendant un certain temps, mais il est réactivé le 6 février 2017. En juin 2017, la France demande au Conseil de sécurité de l'ONU d'approuver le déploiement de la force et de lui accorder un financement, mais les États-Unis et le Royaume-Uni sont réticents à l'idée de fournir des fonds. Finalement, un accord est trouvé entre la France et les États-Unis le 20 juin 2017. Le Conseil de sécurité adopte une résolution le 21 juin pour saluer le déploiement de la force, mais sans lui délivrer de mandat de l'ONU ni de financement. Les cinq pays du G5 Sahel ont du mal à financer la force, avec un budget nécessaire estimé à 400 millions d'euros. L'Union européenne s'engage à verser 50 millions d'euros, tandis que les pays membres du G5 Sahel contribuent chacun à hauteur de 10 millions d'euros. Les États-Unis promettent finalement une aide de 60 millions de dollars le 30 octobre 2017, tandis que l'Arabie saoudite et les Émirats arabes unis apportent une contribution financière de 100 et 30 millions de dollars, respectivement. Cependant, l'Arabie saoudite gèle sa contribution financière en raison de l'ouverture de la France à l'Iran.

Selon l'ONU, moins de la moitié des 415 millions d'euros promis par la communauté internationale en 2018 ont été versés, laissant les forces du G5 mal préparées et incapables de mener des opérations militaires contre les forces djihadistes. La France souhaite que le G5 Sahel obtienne un mandat de l'ONU. La Force conjointe du G5 Sahel a été lancée officiellement en juillet 2017 lors du sommet du G5 Sahel à Bamako, avec cinq bataillons de 750 hommes chacun, dont l'objectif principal est la lutte contre les groupes djihadistes, le trafic de drogue, d'armes et de migrants. Elle est placée sous le commandement du général malien Didier Dacko et le secrétaire permanent de la force est le Nigérien Mamane Sidikou. Le Tchad a nommé le général de division Oumar Bikimo comme chef d'état-major adjoint de la force en juillet 2018. Malgré une importante attaque contre son quartier général en juin 2018, la Force conjointe a repris ses activités en janvier 2019, mais elle n'a déployé que 75% de la capacité opérationnelle prévue en raison d'un manque de formation, de moyens et de matériel. Elle a cherché à obtenir une aide financière des Nations unies pour remédier à ce manque.

Le 1er novembre 2017, le G5 Sahel a lancé sa première opération militaire, appelée Hawbi. Plus de 350 soldats burkinabés, 200 maliens, 200 nigériens et 180 français ont effectué une démonstration de force dans la région de N'Tillit. Cette opération a duré jusqu'au 11 novembre, mais elle a été confrontée à plusieurs difficultés, notamment la coordination, les moyens de communication et les délais de mise en place. Selon le général malien Didier Dacko, ces difficultés doivent être améliorées pour que les futures opérations soient mieux menées. Par ailleurs, pour former des officiers supérieurs susceptibles de rejoindre la force conjointe, le Collège de défense G5 Sahel a été créé, avec une première promotion étudiant en 2018-2019.

B. Renforcement des forces de sécurité intérieure

Le président Issoufou Mahamadou a également mis en place des initiatives nationales pour renforcer la sécurité au Niger. Il a notamment lancé un programme de développement économique et social pour les régions touchées par l'insécurité, dans le but de réduire la pauvreté et d'offrir des alternatives aux populations vulnérables, susceptibles de se tourner vers le terrorisme ou le crime.

Le gouvernement a également augmenté les dépenses consacrées à la sécurité et a créé une agence nationale de renseignement pour améliorer les capacités de renseignement du pays. Le Niger a également renforcé la sécurité à ses frontières pour empêcher les mouvements de groupes armés et de trafiquants d'armes.

Enfin, Issoufou Mahamadou a plaidé pour une approche globale de la sécurité qui prenne en compte les aspects politiques, économiques et sociaux de l'insécurité dans la région. Il a notamment appelé à la résolution des conflits, à la promotion de la bonne gouvernance, à la lutte contre la pauvreté et à la promotion du développement économique dans la région pour lutter efficacement contre l'insécurité.

En somme, Issoufou Mahamadou a travaillé activement pour lutter contre l'insécurité dans la région du Sahel, en mettant en place des initiatives nationales et en renforçant la coopération régionale et internationale en matière de sécurité. Ces mesures ont permis de réduire l'insécurité au Niger et dans la région, mais la situation reste fragile et nécessite une action continue pour maintenir les progrès réalisés.

V. Lutte contre la corruption et la gouvernance démocratique

Issoufou Mahamadou a pris des mesures importantes pour lutter contre la corruption et promouvoir la gouvernance démocratique au Niger.

- Mise en place d'institutions de lutte contre la corruption : Le président Issoufou Mahamadou a créé l'Agence nationale de lutte contre la corruption (ANLC) en 2011, chargée de mener des enquêtes sur les cas de corruption et de veiller à l'application des lois anti-corruption. L'ANLC a également été mandatée pour sensibiliser la population aux dangers de la corruption et pour promouvoir la transparence dans la gestion des affaires publiques.

- Adoption d'une loi sur la déclaration de patrimoine : En 2017, le Niger a adopté une loi sur la déclaration de patrimoine pour les fonctionnaires et les élus. Cette loi oblige les hauts fonctionnaires et les élus à déclarer leur patrimoine et à le rendre public, dans le but de renforcer la transparence et de lutter contre la corruption.

- Renforcement de l'indépendance de la justice : Issoufou Mahamadou a travaillé à renforcer l'indépendance de la justice et à garantir une justice impartiale pour tous. Il a notamment nommé des juges indépendants à la Cour constitutionnelle et à la Cour suprême, et a créé un Conseil supérieur de la magistrature pour garantir l'indépendance des juges.

- Promotion de la transparence et de la participation citoyenne : Issoufou Mahamadou a également travaillé à promouvoir la transparence et la participation citoyenne dans la gestion des affaires publiques. Il a créé un portail de transparence budgétaire qui permet aux citoyens de suivre les dépenses publiques en temps réel, et a encouragé la participation de la société civile dans la prise de décision.

Il a également été créé au Niger, un organe permanent de Lutte contre la corruption et les infractions assimilées dénommé « Haute Autorité de lutte contre la Corruption et les Infractions Assimilées », en abrégé « HALCIA ».

Les missions de la HALCIA sont les suivantes :

La HALCIA assure une mission de prévention et de lutte contre la corruption et les infractions assimilées. A ce titre, elle est chargée, en rapport avec les autres structures concernées, de concevoir, d'élaborer, de mettre en œuvre et de suivre la stratégie nationale ainsi que le plan d'actions de lutte contre la corruption et les infractions assimilées.

En somme, Issoufou Mahamadou a pris des mesures importantes pour lutter contre la corruption et promouvoir la gouvernance démocratique au Niger. Bien que des progrès aient été réalisés dans ce domaine, il reste encore beaucoup à faire pour renforcer la transparence, la responsabilité et l'indépendance de la justice, et pour lutter contre la corruption de manière efficace.

VII- L'héritage d'Issoufou Mahamadou pour l'avenir du Niger

L'héritage d'Issoufou Mahamadou pour l'avenir du Niger est considérable. Au cours de ses deux mandats en tant que président, il a initié des réformes économiques et sociales ambitieuses qui ont permis au Niger de progresser sur de nombreux fronts.

Sur le plan économique, Issoufou Mahamadou a lancé une série de réformes visant à diversifier l'économie du pays, à promouvoir l'investissement et à améliorer les conditions de vie des Nigériens. Il a notamment mis en place un plan de développement économique ambitieux, le Plan de développement économique et social (PDES), qui vise à faire du Niger un pays émergent d'ici 2021. Ce plan prévoit des investissements massifs dans les secteurs clés de l'économie, tels que l'agriculture, les mines, l'énergie et les infrastructures.

Issoufou Mahamadou a également travaillé à renforcer la sécurité et la stabilité du Niger, en particulier dans la région du Sahel, qui est confrontée à des défis majeurs tels que l'insécurité et l'extrémisme violent. Il a pris des mesures importantes pour renforcer les capacités des forces de sécurité, pour améliorer la coordination régionale dans la lutte contre le terrorisme et pour encourager le dialogue et la réconciliation avec les communautés locales.

Enfin, Issoufou Mahamadou a travaillé à promouvoir la démocratie et la gouvernance transparente au Niger. Il a pris des mesures pour renforcer l'indépendance de la justice, pour lutter contre la corruption et pour encourager la participation citoyenne dans la prise de décision.

Toutefois, il est important de souligner que le Niger est toujours confronté à de nombreux défis, notamment en matière de sécurité, de développement économique et de gouvernance. L'héritage d'Issoufou Mahamadou est donc un point de départ pour le développement futur du pays, qui nécessite une continuité dans les politiques économiques et sociales initiées, tout en prenant en compte les défis à venir pour améliorer le quotidien des Nigériens.

Également, ISSOUFOU MAHAMADOU a laissé comme héritage au Niger, son fils Sani ISSOUFOU MAHAMADOU qui fait très bonne impression. Il est présentement Ministre du pétrole du Niger, ce fils digne saura porter en hausse, l'économie du Niger.

VIII - Conclusion

Au cours de son mandat de 10 ans, ISSOUFOU MAHAMADOU a travaillé dur pour faire progresser le Niger sur de nombreux fronts, notamment en matière de développement économique, de gouvernance démocratique, de sécurité alimentaire et d'éducation. Grâce à ses efforts, le Niger a réalisé des progrès significatifs dans la lutte contre la pauvreté, la réduction de la mortalité infantile et l'amélioration de l'accès à l'eau potable.

De plus, sous son leadership, le Niger a renforcé sa position sur la scène internationale en devenant un acteur clé dans la lutte contre le terrorisme et l'extrémisme violent dans la région du Sahel. Enfin, la transition pacifique du pouvoir à l'issue de l'élection présidentielle de 2020 témoigne de la solidité de la démocratie nigérienne et de l'engagement d'ISSOUFOU MAHAMADOU à assurer une gouvernance transparente et responsable.

En conclusion, le mandat de ISSOUFOU MAHAMADOU a été marqué par des réalisations significatives pour le peuple nigérien et pour la région du Sahel dans son ensemble. Sa vision pour un Niger plus prospère, plus sûr et plus juste a servi de catalyseur pour le développement du pays et continuera à inspirer les dirigeants futurs à poursuivre ces objectifs.

Nous espérons, que son digne successeur, Bazoum Mohamed, fasse encore mieux pour le bien du pays. Il le fera sans doute !

QUE DIEU BENISSE LE NIGER

FIN